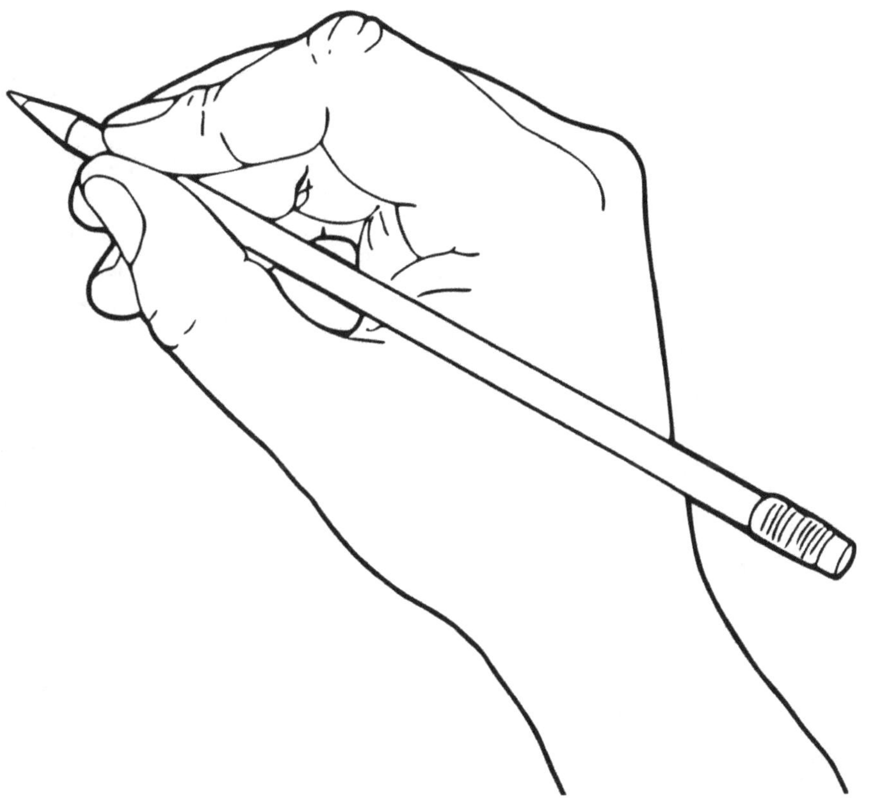

Nome: ___________________________

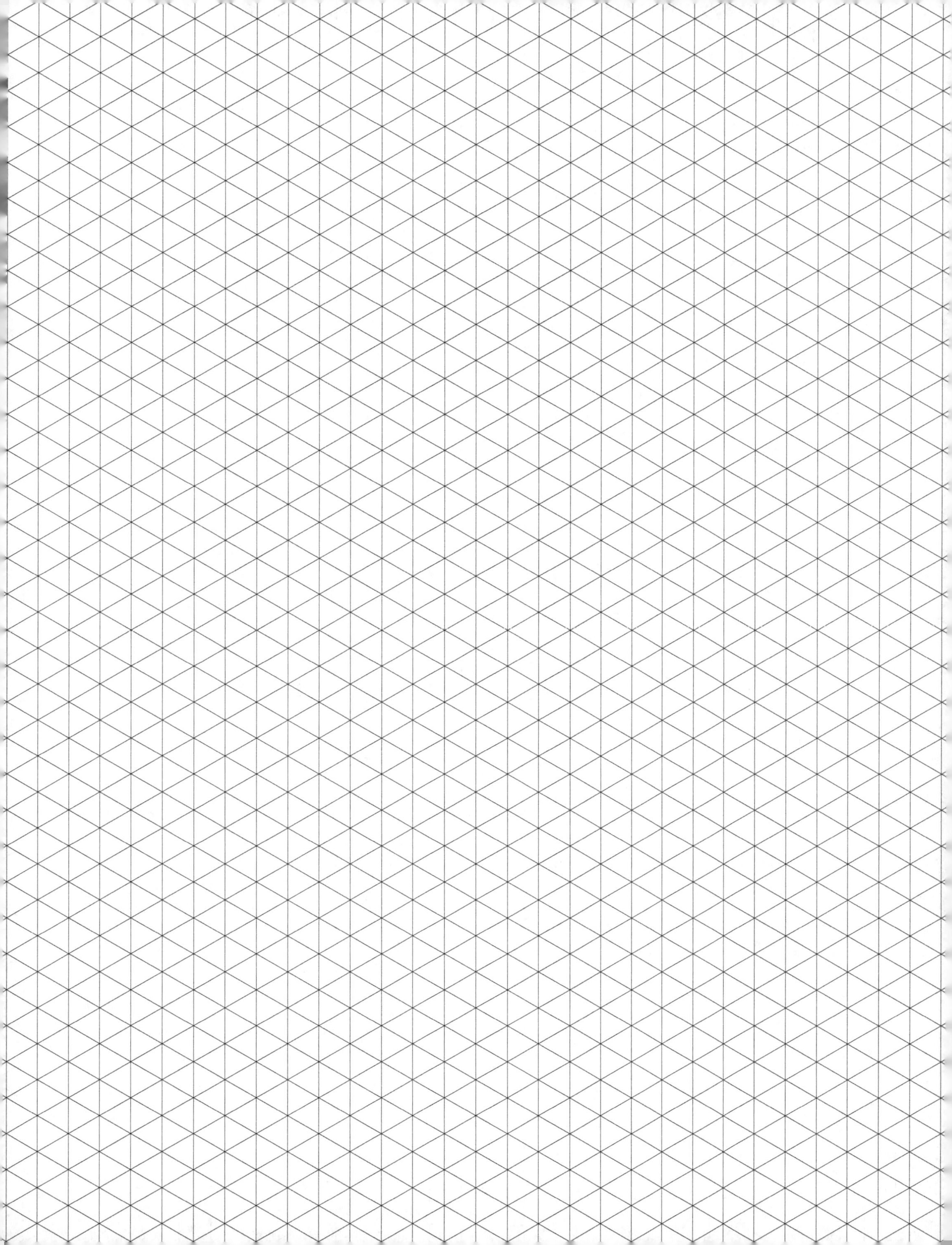

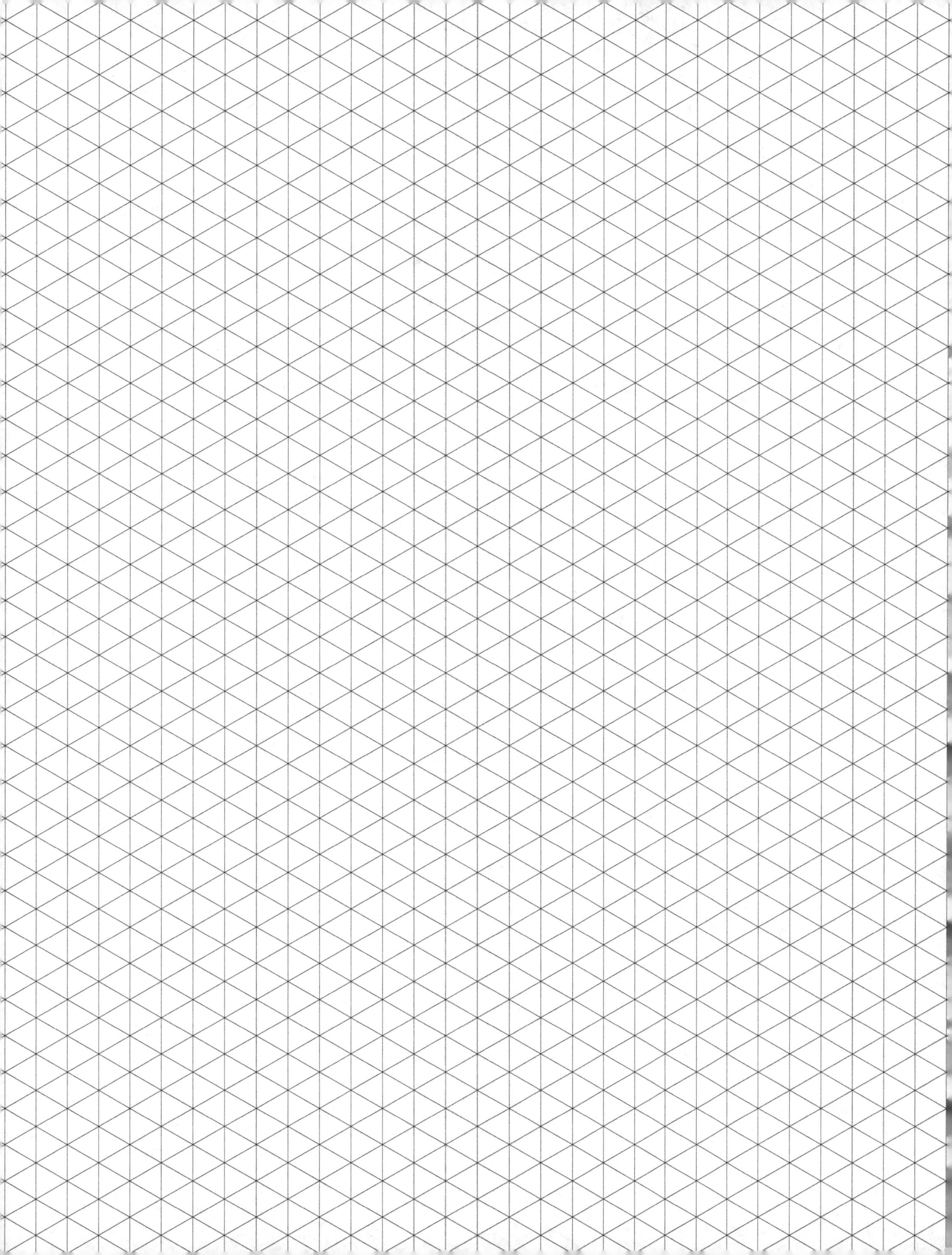

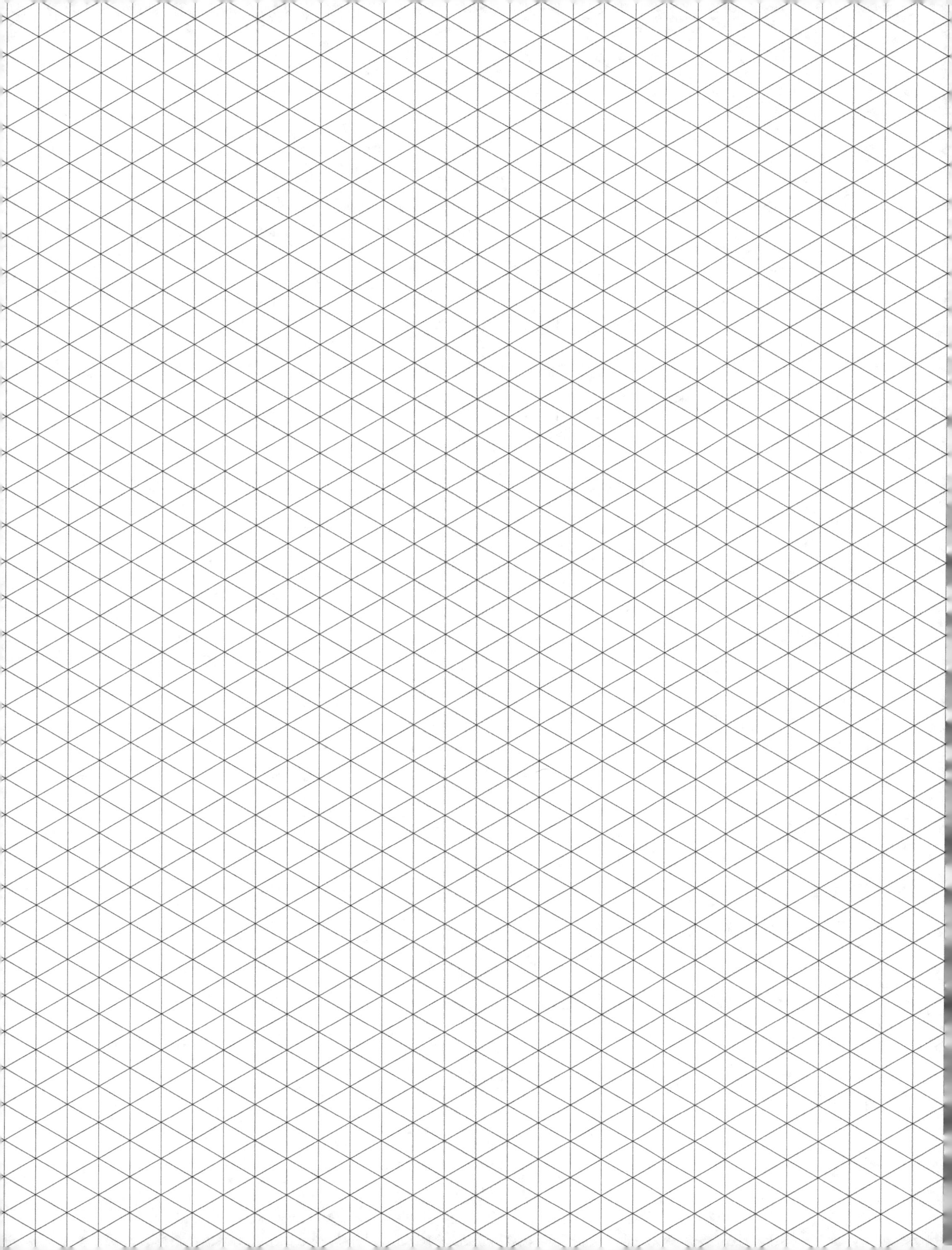

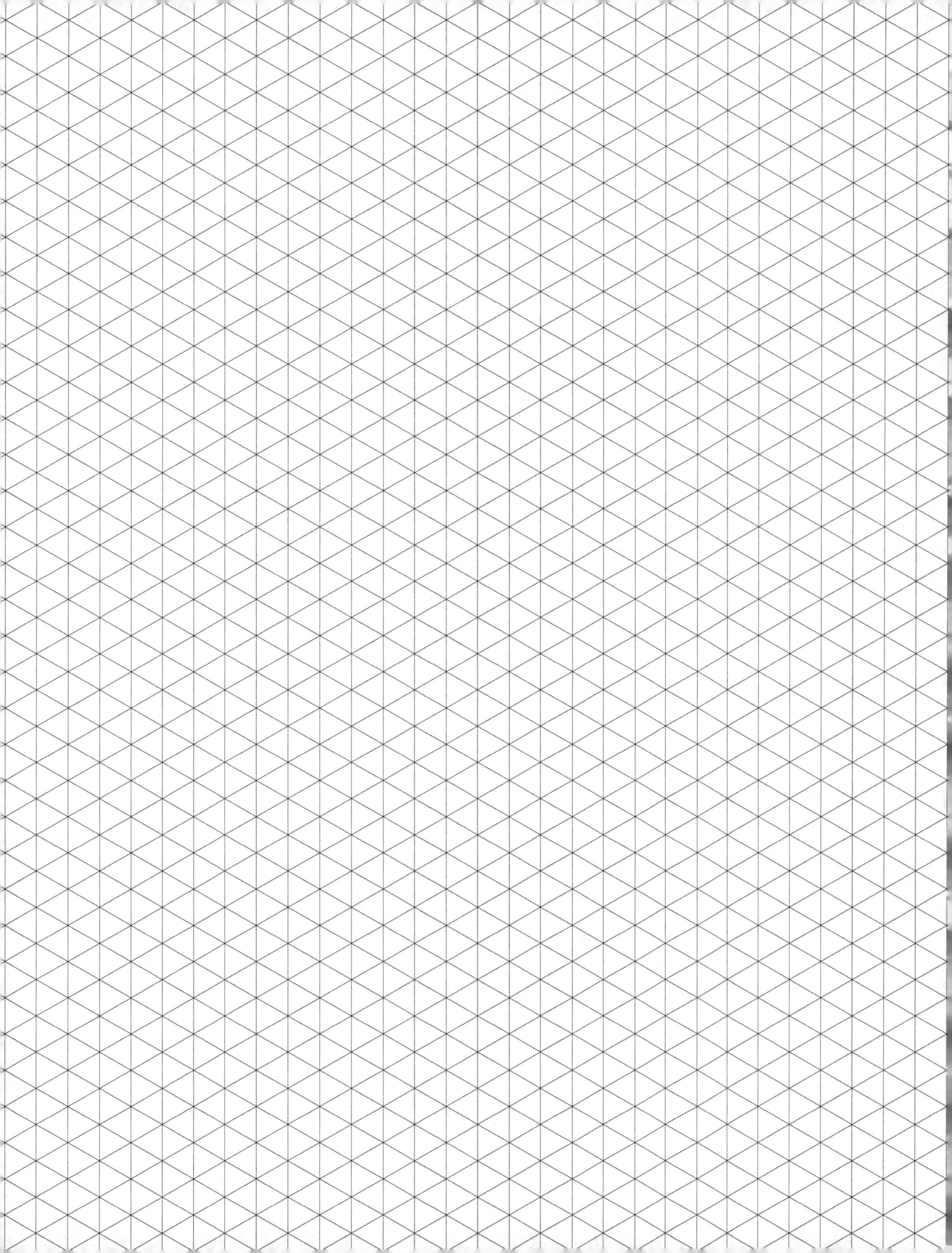

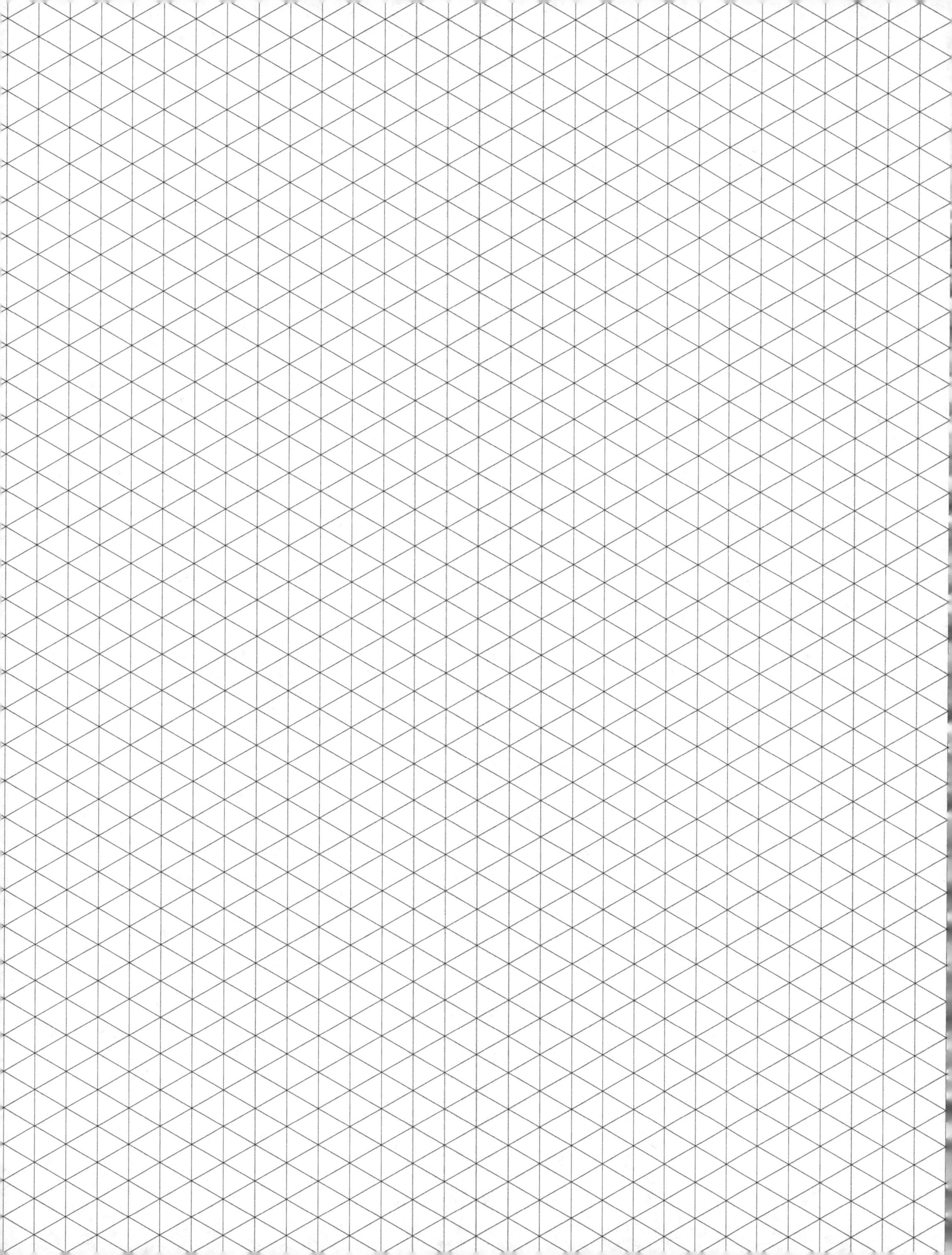

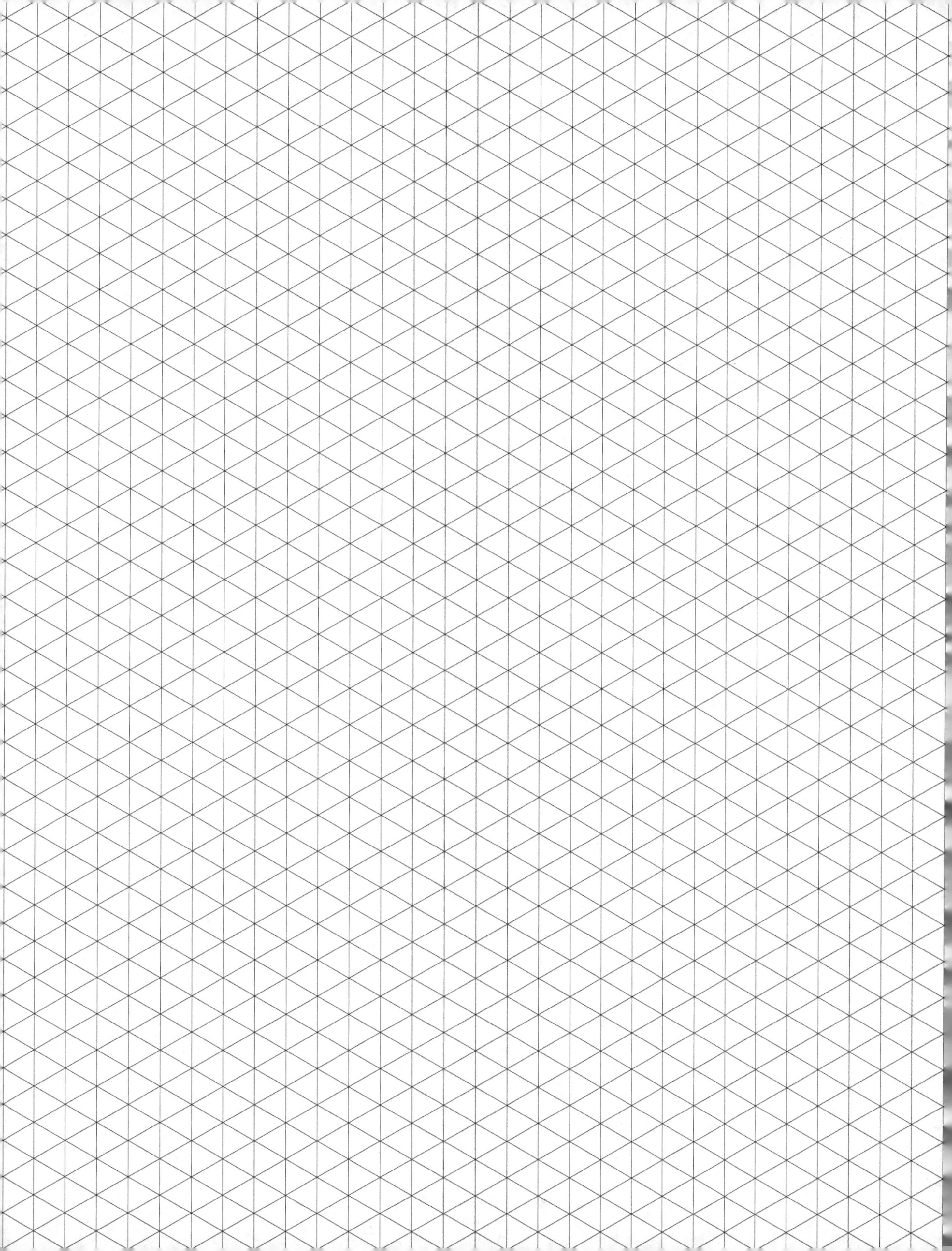

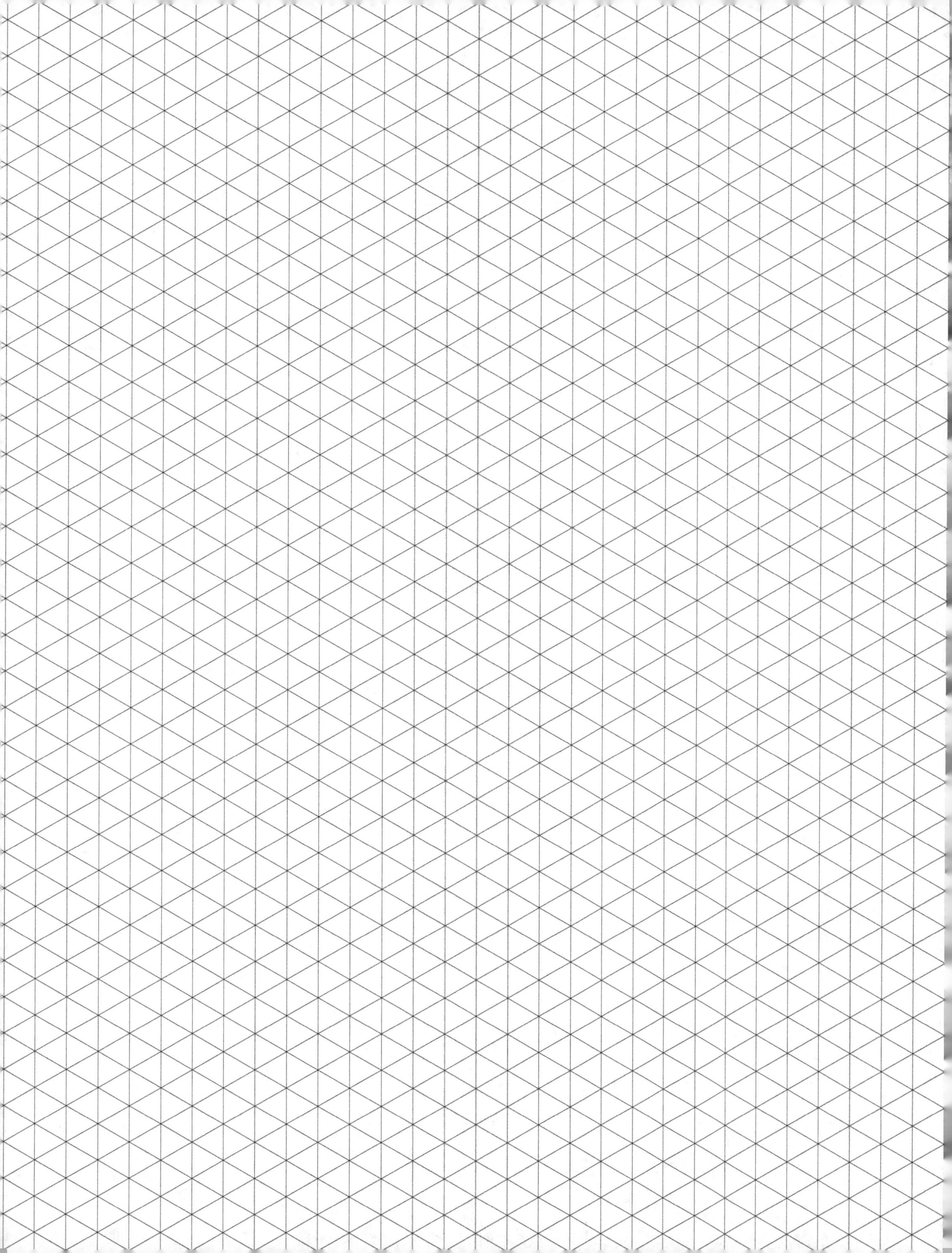

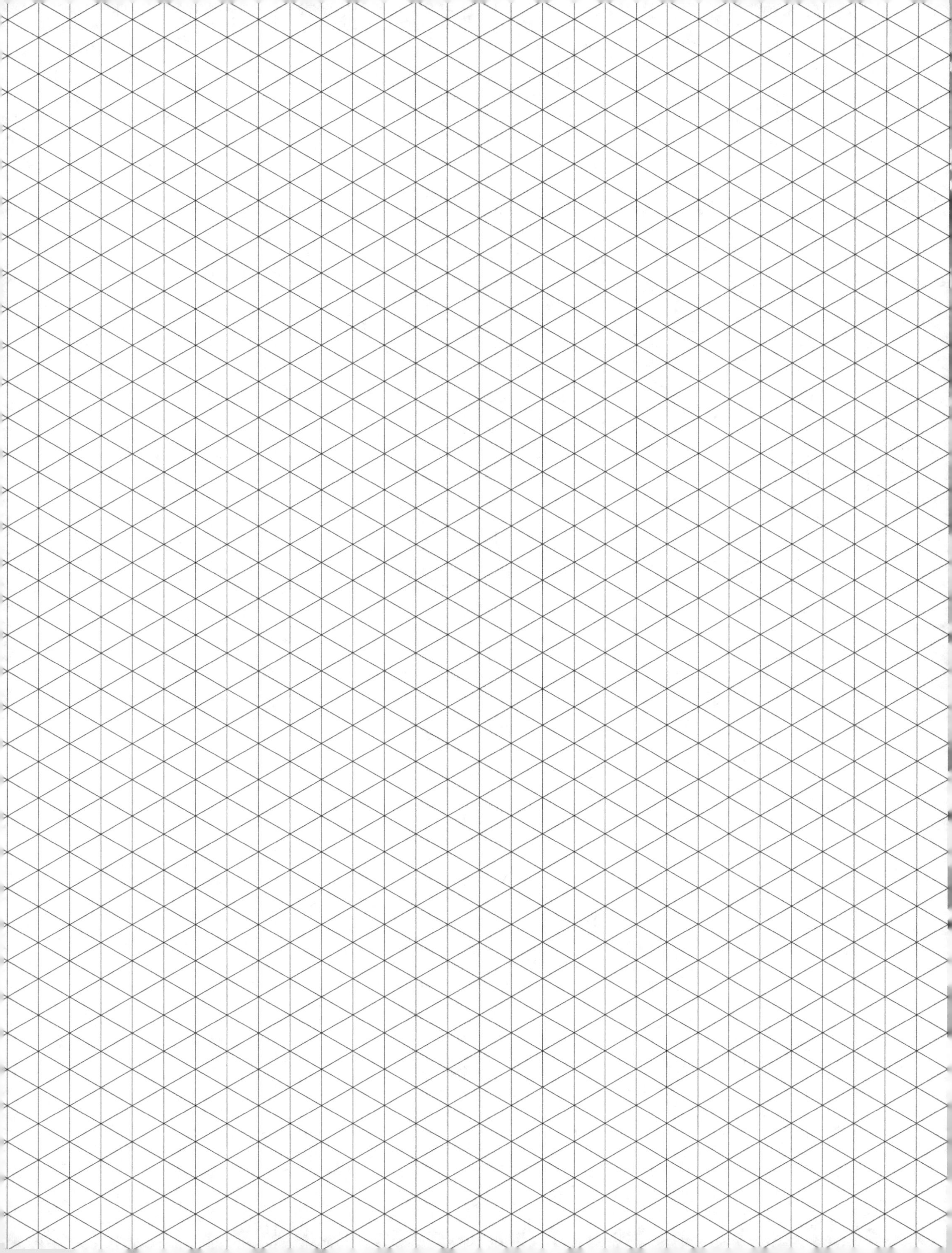

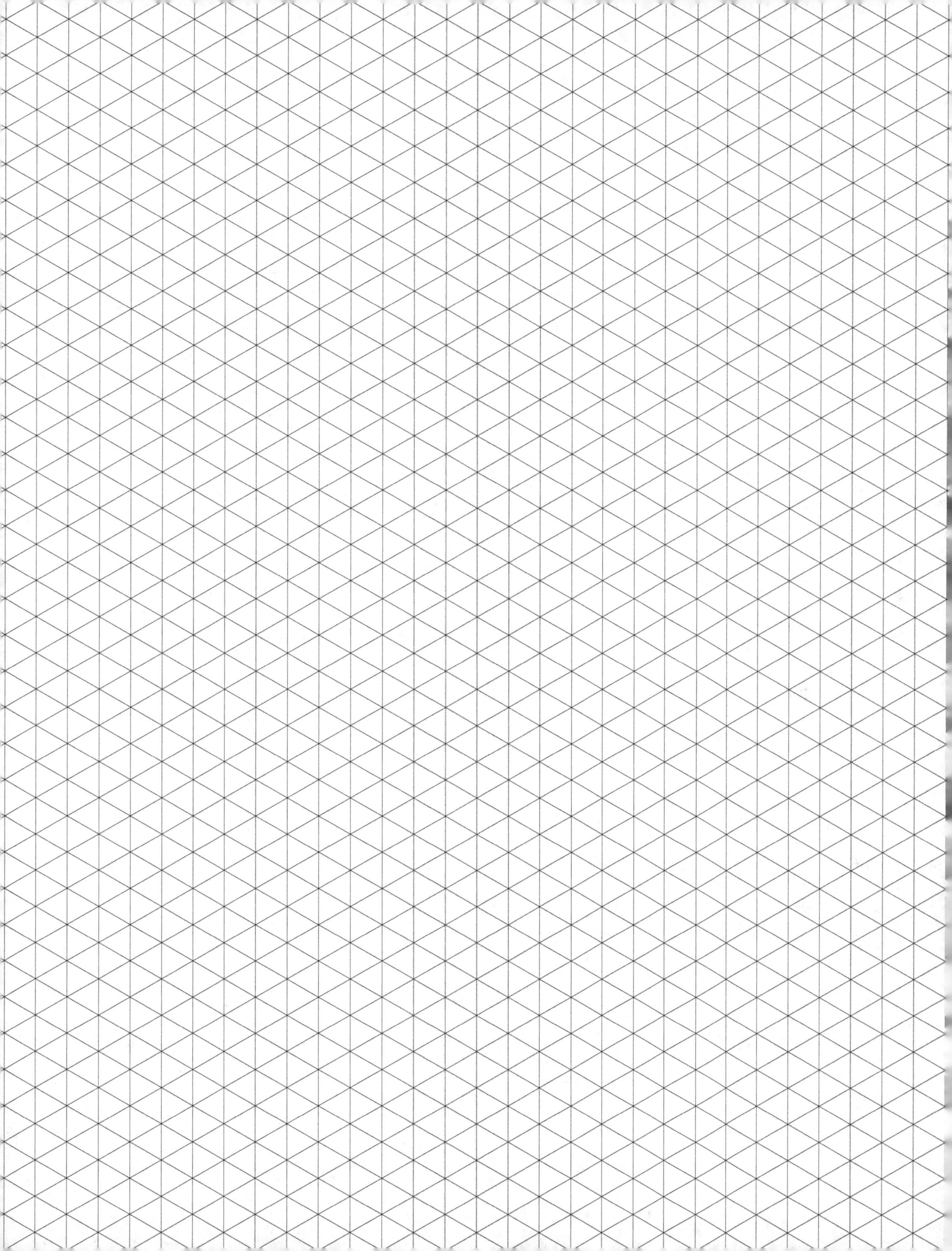